편지

임종찬 제9시조집

세종출판사

| 권두언 |

시조의 텃밭을 넓히자.

신라인들은 한자를 받아들여 문자 생활을 해오다가 여기서 더 나아가 한자를 차용한 우리글을 만들어 썼고 이것으로 향가를 지었다. 그러나 이 경우, 한자를 익힌 뒤에 이것을 다시 우리말로 적는 절차이기 때문에 이중 불편을 느꼈다. 그래서 만든 것이 한글이다. 우리 선조들은 시라면 중국문자로 중국 시 형식으로 지어야 시라고 우긴 적이 있다. 이것 역시 한자를 익혀야 하고 중국 시 형식을 공부해야만 하기 때문에 시 짓기가 여간 어려운 것이 아니었다.

중국어는 성조聲調가 있어 여기에 맞추어 시를 지어야하기 때문에 중국어 성조를 모르는 우리 형편으로는 일차 한자를 알아야 하고 성조를 알아야 하고 한시형식을 알아야 하였으니 한시를 짓는 데는 삼중의 고통을 겪어야 했다. 우리말은 중국말처럼 성조가 뚜렷하지 않다. 그렇기 때문에 성조를 형식으로 시를 지을 필요가 없어 시 짓는 일이 중국처럼 까다롭지 않아 좋을 것 같기는 한데, 무얼 우리식의 시가라 할 건가를 두고 선조들은 많은 고민을 하였을 것이다. 마침내 선조들이 생각해낸 것이 시조다. 시조는 창의 가사로 노래 부르기도 그냥 시로 율독律讀하기도 좋으니 중국 시에 비하면 여간 편한 형식이 아닌 것이다.

서양 문화는 그리스, 로마 문화를 원천으로 여기므로 여기에 편입하는 것이 문화 사회라 생각하였다. 여기서 벗어난 문화를 이상하게 비판해온 것이 서양 정신사다. 우리도 이와 비슷한 사고를 한 적이 있긴 있다.

옛날 동양사회는 한문화를 모범문화로 여겼기 때문에 여기 편입되기를 바랐고 이걸 흉내 내기를 열심히 하였다. 우리 스스로를 소중화小中華라는 자부 아닌 자부를 고집한 못난 시절이 있었다는 말이다. 이러한 분위기 속에 우리 식의 노래, 우리 식의 시가를 만들어 불러야 옳다는 생각이 시조를 탄생

시키기에 이른 것이다.

시조가 이런 바탕에서 시작되었다면 이걸 계속 발전시켜야 마땅한데, 이번에는 서양에서 자유시의 바람이 불어오자 한국은 시라면 자유시라고 말하는 쪽으로 기울어졌다. 나무라고 싶은 것보다 우리 것의 아름다움을 놓지는 것이 우매한 짓이라는 말은 하고 싶다.

고시조가 그러하였듯이 나는 현대시조 시인들 역시 시상이 헝클림이 없고, 간단명료하게 시조를 쓰면 좋겠다고 생각한다. 이것이 시조다움이고, 난삽難澁한 자유시와의 차별이라고 생각한다. 그런 의미를 담아 이 시조집을 엮었다.

차례

편지

봄 여름 다 지나도
자네 얼굴 못 보았네

색 묻힌 가을 잎이
뜨락에 쌓이거든

내 마음 물들인 사연
닿은 줄을 알게나.

구름밭에 오줌 누기

논밭이 백 리라도
종이 한 장 안에 있네

그나마 나 죽으면
소지燒紙되고 마는 것을

가꿔온 구름밭에다
오줌이나 눌라네.

인생

꽃들이 다녀가고
한철 봄은 거덜 났다

어머니 무덤가에
다 시들은 씀바귀 꽃

인생은 꽃 한 송이가
폈다 지는 것이데.

자각自覺

볼 붉힌 대추 따서
가을 맛을 보노라니

인생길 고개 넘어
나도 제법 익었는지

신산辛酸이 한 맛인 줄을
내가 이제 알았다.

복사꽃

복사꽃 눈 부비며
하늘 문을 여는 아침

잊었던 유년 일기
화들짝 다시 핀다

지난 밤 익은 꿈자리
색색들이 고와라.

얼굴

반쯤 찬 술잔 안에
가득 고인 너의 얼굴

인생은 한 잔 술로
쌓인 한을 푼다지만

어쩐지 잘 못 산 인생
너를 두고 이런다.

낚시질

해운대 바닷가에
낚시하는 노인 하나

잡은 건 서너 마리
놓친 게 더 많다며

인생이 낚시질인 걸
이제 알 것 같단다.

생애

생애는 구름이라
머물다 가는 건데

한 음계 짚어내는
잰 걸음 여울 소리

푸르던 내 청춘의 빛
물을 따라 흘렀네.

과목果木

꿰어 맨 헝겊대기
가을 잎은 떨어지고

맨 낯의 과일마다
새로 바른 벽지 무늬

동그란 안위安慰를 달고
기도하는 저 과목.

녹음

청산이 깃 사린 채
포란抱卵하는 봄날 하루

품어온 사념들도
새로 물이 들어선지

안경알 적시는 풍경
출렁이고 있구나.

내 조국

산 너머 봄 발자국
자박자박 다가오면

입춘첩 먹물 입고
쑥 잎들이 돋아난다

내 조국 새 물을 담아
키가 날로 크거라.

풍경

잔치 상 차려놓은
양념 묻은 단풍잎들

강물이 청산 안고
어깨춤을 추며 간다

늙은이 새 술맛 보러
주막 찾아 가노라.

무희舞姬의 얼굴

무희舞姬의 손끝으로
흘려 쓰는 초서草書 필치

강물에 삿대 찔러
도강渡江하는 마음 따라

적막이 열매를 뱉어
달이 둥실 떴구나.

앞산

갈맷빛 풀잎 토해
산이 내게 던지는 말

세상사 한 장 꽃잎
폈다 지고 만다 하네

간단한 이 인생 이치
앞 산 보고 배웠다.

민들레꽃

봄볕이 따가운지
숨 죽여 핀 민들레꽃

평 남짓 남새밭에
봄 하늘이 장판 깔아

그 위에 천지 이치가
이 꽃으로 폈구나.

녹차 밭

세월은 능수버들
바람결에 나부끼고

녹차 밭 굽은 이랑
음표 따는 아낙네들

한 곡조 익은 가락에
다시 한 잎 피더라.

산행山行

버들은 회초리로
가을을 채질하고

남겨둔 은행잎을
타작하는 바람소리

아껴둔 친구 하나가
산행山行길을 떠났네.

네 소리

진종일 날 가두려
궂은비는 내려 쌓고

가을 잎 시나브로
제 갈 길을 걷는다만

내 인생 갈피갈피에
젖어드는 네 소리.

베트남 신부新婦

바닷가 모래밭에
밀려온 모시조개

입은 옷 무늬 결이
예사롭지 아니하다

이웃집 베트남 신부
떠오르는 그 미소.

만석 행복

내 봄이 몇 개일까
셈해보는 하루나절

살이 찐 앞 산 숲을
밥상 받고 앉아 보니

대장부 만석 행복이
술잔 안에 고인다.

고향

낙동강 철새무리
봄 들자 고향 갔다

두고 온 밭이랑에
씨 뿌리러 갔나보다

장다리 전설이 피는
나도 고향 가련다.

귀뚜라미

광음光陰이 젓을 담궈
단풍은 새로 곱고

밥상에 물든 가을
새 맛 나는 시절 앞에

인간사 억만 시름을
네가 대신 푸느냐.

해바라기 꽃

질펀한 햇살 담아
과육이 살이 찌면

입 연지 찍힌 잎들
연서戀書로 다 날리고

너 닮은 해바라기 꽃
내 가슴에 또 핀다.

을숙도

철새 떼 여기 와서
새끼 치고 간다더라

조개도 갈미조개
제 맛 나는 을숙도에

내 인생 내 맛을 보러
여길 찾아 왔다네.

벌초 길

풀어진 실올들만
바람에 나부끼고

쑥밭 된 천수답엔
산 꿩 떼 울음소리

인간사 얽힌 칡넝쿨
벌초 길을 막는다.

된장

한 천 년 아픔 딛고
매달려 익은 메주

세월은 보약이라
새 맛으로 뜸이 돌면

가난한 두리반 위에
좌정坐定하고 앉는 너

화필畵筆을 들고

외발로 조는 철새
천리 꿈을 꾸게 하고

등불로 타는 홍시
나지막한 초가지붕

어머니 적삼 한 벌의
남새밭도 실었다.

제 값

약 캐러 산에 드니
약 아닌 풀 별로 없고

바닷가 널린 해초
못 먹을 게 하나 없다

인생도 제 맛을 알면
가릴 것이 없다네.

낙화

산천山川을 모범삼아
욕심 덜고 살자 해도

방패연 솟구치는
마음은 요령 없고

바람이 꽃잎을 따서
집 앞길을 덮는다.

세모歲暮

공양미 삼백 석을
산에 들에 뿌려놓고

부처님 반쯤 뜬 눈
졸고 있는 천지간에

심청이 인당수 가는
또 한 해가 저문다.

내 인생

철들자 봄 바다가
남색치마 갈아입고

너울 춤 박자 맞춰
스텝 밟아 밀려온다

내 인생 파도에 얹어
몸 흔들며 사노라.

동양화 그림

물새가 찍은 낙관落款
표시 따라 걷다보니

화선지 모래밭에
수를 놓은 조개껍질

동양화 물감을 입고
그림 속에 서 본다.

과일

침묵의 기도 소리
가지 끝에 앉을 때면

풋잠 깬 만근 종이
'에밀레' 울 것 같아

둥글게 마음을 뭉쳐
하늘가에 매단다.

물새

찬물에 몸 헹구면
무지개 빛 꿈이 돋고

달 뜨면 적막으로
둥그런 울음 운다

오늘은 고개를 묻고
사무사思無邪에 잠드네.

대보름

달집에 달이 들어
포란抱卵하는 이 순간에

순백純白의 정성들은
합장으로 절을 하고

일만 근 액운을 사뤄
하늘 길을 걷는가.

방물장수

차 안을 가득 메운
방물장수 작은 트럭

얼기미 식칼 도마
소쿠리도 두서너 개

한 평생 자잘한 근심
달고 사는 내 인생.

내 몸

내 몸이 내건 줄을
자부하며 살았더니

죽으면 벌레의 밥
뼈도 삭아 흙 되는 것

내 것도 아닌 내 것을
내 것이라 알다니.

비 오는 바다

바다는 알몸으로
하루 종일 비에 젖고

둔절한 소식 끝에
발설하는 매화 꽃잎

봄기운 술잔에 띄워
이 하루를 절이자.

숙제

던져진 윷가락의
운명을 셈해보니

밟아온 흔적들만
얼룩으로 남아 있고

못다 푼 숙제를 둔 채
또 한 해가 저문다.

뻐꾹새

옥양목 버선발로
소리 없이 봄이 와서

골골이 붉은 꽃잎
산불 질러 다 태운다

볕살에 삭신이 찔려
아파 우는 뻐꾹새.

화전花煎

봄바람 머금어 핀
진달래꽃 가려 따서

꽃무늬 화전 구워
안주 삼아 마시는 술

천지의 만금 행복이
어금니에 씹힌다.

통증

파도는 격분하여
게거품을 물고 있다

바다가 저럴진대
내 심사 헝클린 정

그래서 그런지 몰라
온 삭신이 아프다.

달

깨어진 세월 앞에
단풍잎만 흩날리고

이태백 놓친 달이
바다 위를 헤엄친다

어머니 시린 그 세월
내 가슴에 떴구나.

꾀꼬리 울음

품앗이 봄바람은
이웃 마을 가고 없고

한나절 꾀꼬리만
한 옥타브 높여 운다

짝 찾는 내 목소리를
네가 흉내 내다니.

지리산

섬진강 경호강이
젖 물리어 펼친 들에

더운 김 불어넣어
갈피갈피 익은 가을

고단히 낮잠에 드신
어머니를 보겠네.

노을

청산이 구름 덮고
낮잠 자는 한 나절에

을유乙酉생 늙은이도
산을 닮아 졸다 깨니

닭 벼슬 노을이 진다
내 하루가 다 탄다.

손금

아파트 벽을 타며
외벽 단장하는 청년

한 가닥 목숨의 선
흔들리는 운명의 끈

손금의 실 가닥 타고
나도 여길 왔구나.

산나리 꽃

낡은 절 뒷마당에
피다 멈춘 산나리 꽃

노스님 잔기침에
봄기운을 얻었는지

쌈짓돈 한 닢 크기로
입 벌리고 섰더라.

가을바람

시루에 김을 올려
앞뒤 산 다 익히고

빠안한 고갯길을
절며 넘는 가을바람

엊그제 이팔청춘이
녹두알로 다 졌다.

음주

술잔에 산을 담아
하루해를 마셔보니

등불로 걸린 달이
흔들리며 가고 있고

한 접시 안주거리의
내 생애가 저문다.

춘주春酒

입었던 적삼 벗어
꽃잎이 방석 깔아

천지간 풍월주인
날 불러 앉힌 자리

잔 가득 청산을 띄워
남은 봄을 마시자.

낙치落齒

감춰둔 논밭 문서
장롱 문을 밀고 나와

가야금 현을 끊고
오동꽃이 떨어진다

신산辛酸을 감내한 이빨
또 하나가 지다니.

낙화

매화꽃 핀다기에
먼 길 토파 갔더니만

시절이 수상한지
꽃들은 얼추 져서

남은 꽃 술잔에 띄워
내 세월만 마셨네.

나는

밀레가 그리다 만
저녁종이 은은하고

설익은 곡식들은
남은 햇살 낚고 있다

이것도 저것도 아닌
나는 무얼 줍느냐.

산국화

강물은 구비쳐서
바다에 이르겠지

저무는 인생 여정
내 바다는 어디인가

어머니 무덤을 짚고
산국화가 피었다.

유자

치자 빛 물 머금고
떨어지는 노을 비단

낙하한 향기들이
유자 속에 스며들어

이 가을 남도 진 맛을
입 다시게 하도다.

가을 햇살

입김을 불어넣어
안경알을 닦고 보니

안개를 벗은 산야
맨 살의 얼굴 모습

그 위에 가을 햇살이
연지 찍고 있더라.

홍시

늦가을 밤하늘에
별이 몇 점 떨어져서

반딧불 크기만 한
꿈자리를 만들었다

잘 익은 이 시절 따라
볼 붉히고 싶어라.

옛 시집을 손질하며

한 곡조 유행가로
가을 잎은 떨어지고

곱씹는 빗소리에
젖어드는 인간회포

옛 시집 녹물을 닦고
새로 한 줄 덧댄다.

은어 떼

고름이 풀린 늦봄
음사월 햇살 아래

향이야 춘향이 분
돌팔매로 날아들면

앞뒤 산 풀빛 머금고
은어 떼가 몰린다.

가을잎

천일염 부신 햇살
간 맞추는 바람 소리

날리는 지전紙錢들의
가을 잎이 덧쌓인다

세월의 채찍에 쫓겨
내가 여길 왔구나.

은행銀杏

은행잎 깔아 놓은
잔칫상 받은 자리

세월은 금색마차
마구 밟고 가건마는

덜 여문 열매 한 알로
내 가을이 또 진다.

극락 꿈

나 이제 산 닮아서
멍 안 들고 살 셈이다

봄 가을 몇 벌 옷을
입었다가 벗었다가

어떤 땐 적막을 안고
극락 꿈도 꿀련다.

대나무 숲길

대나무 숲길 따라
걷다보면 들리는 것

잎들이 비비대며
칼을 가는 저 소리들

혁명의 먼지 보인다
동학군이 보인다.

청둥오리

잘 익은 가을바람
수수밭에 몰려오면

빈객賓客의 청둥오리
고향 강에 몸을 푼다

예서체隷書体 풍경 속에서
나도 깃을 사리자.

콩잎

점괘로 던져놓은
가지런한 밭두렁 길

부싯돌 긋는 섬광
쌈지 안에 가득 차면

호시절 풍악소리로
물이 드는 저 콩잎.

시골 풍경

오백 년 멍석 깔고
동네 지킨 느티나무

궐련 문 노인 몇 분
목신木神으로 앉아 있고

담부랑 호박 한 덩이
세월 베고 누웠다.

내 세월

달빛이 또 별빛이
입김 불어 넣더니만

설익은 단풍보다
더 익은 사과 몇 알

어쩌다 내 세월만은
볼 붉힐 줄 모르나.

어머니 제사

호박은 넝쿨 따라
마디마디 열매 맺고

포도는 송이마다
눈물 담아 익어있다

육남매 어머니 열매
한 상 아래 모였네.

세월

짚어본 인생살이
낙엽 한 장 크기더라

진창길 묻은 얼룩
못 지운 후회 앞에

세월은 무슨 재민지
훨훨 고개 넘는다.

참매미 울음

잡목은 가지런히
제 자리에 '차렷'하고

풀잎은 부채질로
음 유월을 식히지만

참매미 목쉰 저 소리
누가 달래 주려나.

가랑잎

짚어 본 인생살이
자갈 하나 크긴 것을

진창길 찍은 자국
도돌이표 선율 따라

내 세월 무심한 음표
가랑잎이 날린다.

삶

달리고 또 달리어
허들을 넘어 봐도

삶이야 잡초 밭에
함부로 큰 쑥부쟁이

족보 책 혈흔을 묻혀
이름 적고 가리라.

작업복 데모대

나사를 죄고 있는
숨 가쁜 호흡으로

네거리 질러가는
한 무리 작업복들

아우성 기적소리가
큰 물 되어 흐른다.

내 가을

햇살이 된장 담근
황금빛 콩이파리

세월의 그을음이
머리 위에 내려앉아

반백半白의 참회를 이고
내 가을을 거둔다.

아버지 밟은 황토길

세월은 꽃을 털어
열매 맺어 흩어지고

풋내를 못가신채
고개 마루 밟고 서니

아버지 밟은 황토길
나도 여길 왔구나.

저녁놀

꿈이야 한 이파리
낙화로 지는 건데

천지를 물들이고
봄이 뚝뚝 지고 있다

저녁놀 타는 불 옆에
나도 익고 있구나.

콩밭

투박한 남도 방언
입 벌려 쏟아놓고

땀물 밴 적삼들을
한 겹 한 겹 벗고 있다

수랏상 차리는 햇살
콩밭 골에 앉는다.

어머니 제일祭日

어머니 경주정씨慶州鄭氏
잠 안자고 오시는 밤

만 리 밖 싸락눈을
소리 없이 깔아놓고

발자국 찍지도 않고
몰래 왔다 가셨다.

단물

바람이 앞 장 서서
잣 가지를 흔들더니

낙엽은 높은 음표
곡조대로 쌓여있고

내 인생 단물을 실어
이 가을을 익힌다.

거울 앞에서

시간을 끌어안고
체온을 다둑여도

담벼락 기어 넘는
담쟁이 뻗은 주름

고단한 삶의 무게를
빗질하고 또 본다.

호두 알

시루에 김을 올려
앞 뒤 산을 다 익히고

구겨진 고갯길을
절며 넘는 가을바람

엊그제 이팔청춘이
호두 알로 졌구나.

달빛

하늘을 배 가르고
노를 젓는 흰 달빛들

그림자 빗자루가
내 집 앞을 쓸고 있다

극락을 이불로 덮고
산은 적적 잠들고.

녹두 알

부싯돌 긋는 섬광閃光
쌈지 안에 그득 차면

널빤지 한 장 크기
위안들이 쏟아진다

풀빛에 절인 녹두 알
찾아오는 시장끼.

아버지 가시고

아버지 돌아간 날
마뜩잖게 비는 오고

알약이 쏟아지는
은행나무 가지 아래

곱다시 진중한 말씀
잎 잎마다 곱구나.

산골 마을

노숙자 곤줄박이
꺾어 우는 산골 마을

오두막 지붕 위에
그물 치는 호박 넝쿨

이 가을 허전한 꿈이
둥그렇게 익었네.

현수막

소망은 눈물 속에
얼룩으로 번져나고

울대에 치미는 정
못 다스린 분노 앞에

바람만 잔치를 벌여
춤을 추는 현수막.

종가宗家

풍상에 찌린 대청
헐거워진 바람 소리

먹물의 막새기와
겨울비에 다 젖는다

저고리 고름이 풀린
주련柱聯 글씨 초서체草書體.

청옥 매화

고향 집 마당가에
한 그루 청옥 매화

할매도 영등 할매
봄바람 몰고 오면

담장에 기대고 서서
실눈 뜨고 졸더라.

동백꽃

쪽물 푼 남해 바다
온 몸에 발라 놓고

한 접시 들기름 불
앓고 타는 동백 꽃잎

피 묻은 오천 역사가
뚝뚝 지고 있구나.

월광곡月光曲

한 필의 명주 비단
깔아놓은 강물 위에

비워서 가득 차는
달 항아리 실려 있다

신비론 천지 이치를
연주하는 저 달빛

시흥詩興

춘심春心은 하늘 높이
연줄로 팽팽하고

꽃잎에 취한 바람
길을 잃고 헤매 돌면

시흥詩興이 봄볕에 익어
백지 위에 얹힌다.

고향 강에서

어릴 적 고향 강은
생쌀 씹는 소리 내며

맨 몸을 문지르다
거품 물고 흘렀다네

내 오늘 그 강물에다
안경알만 헹군다.

등산을 하며

자네와 오르던 산
핏빛 단풍 다 들었네

하루 해 태운 노을
인생은 한나절 꿈

자네도 꿈을 사루고
낙엽으로 졌구나.

종부宗婦

세월이 달군 꽃잎
맨드라미 타는 고가古家

가훈家訓은 돌옷으로
기왓장에 덮여 있고

종부도 백발을 이고
굽은 솔이 되었다.

송춘送春

꽃잎은 논문서로
바람결에 날아가고

세월을 탕진한 채
술상 차려 앉았더니

권주가 산새 소리만
잔에 가득 담긴다.

고향 집

떨군 건 세월인데
뒷 강물은 그대로고

흐려진 눈빛 너머
새로 닦은 신작로 길

전설만 이끼로 피어
담벽 위에 널렸네.

보리밭

바람이 쓰다듬어
꽃은 또 점등點燈하고

구겨진 산맥 펴는
노고지리 우는 소리

보리밭 남藍치마 자락
펄럭이는 음삼월.

산새 소리

버들은 봄바람에
머리채를 난발하고

진달래 불잉걸이
산비알을 다 태운다

목 달군 산새 소리가
불을 끄고 있구나.

단풍

봄날엔 앞산 그늘
떡잎으로 내려 앉아

청운青雲이 하늘 덮고
몸에 비늘 돋더니만

누더기 단풍 옷 입은
내 가을이 무겁다.

까치집

산비탈 걸쳐 놓은
진달래꽃 층층다리

그 다리 디디고 선
참나무 두리기둥

까치집 대궐 한 채가
덩그렇게 실렸다.

삼월

못 갚은 빚이 있어
흥부 제비 오는 삼월

짝 찾는 소쩍새는
내처 밤을 찢어쌓고

새 세상 봇물이 터져
살이 오른 앞뒤 산

인생

손자놈 까치걸음
넘어지고 일어서고

인생이 그런 건줄
한창 공부 중이건만

할배는 턱 괴고 앉아
너를 학습 한단다.

봄꽃

세월은 덧니라서
어긋나게 뻗어가도

바둑판 돌길 밟아
꽃모종을 옮겼더니

봄볕이 화필을 들고
마구 색칠 하더라.

산보

세월을 간 맞추어
가을이 익었는지

홍국화 연지 찍은
노을구름 펼쳐 있다

한 잔 술 얼굴에 담아
혼자 걷는 이 발길.

밤새 울음

상처에 헝겊 감은
반쪽달이 떠서 간다

감춰도 남아도는
곡절 많은 한이라서

날밤을 새우는 밤새
비단 짜는 저 소리.

술

단풍이 산을 태워
불잉걸이 다 되어도

아직도 화기火氣 남은
음 시월 한나절에

내 인생 남은 장작불
술로 끄고 있노라.

노처老妻

하늘에 헝겊 대어
기워놓은 오색구름

인생도 깁다 보면
더 값진 모습인지

노처老妻의 얼굴에 앉은
단풍잎이 곱구나.

지하철 노인

지하철 경로석에
앉아 조는 노인 하나

가끔은 눈을 뜨고
이승 구경 하다가도

황홀한 저승길 찾아
다시 눈을 감는다.

민들레꽃

병아리 민들레꽃
샛노란 웃음 띠고

봄 하늘 받쳐 입고
뜨락에 놀고 있다

소꿉질 동무들 모아
재잘대고 있구나.

단발머리 소녀

호수에 달이 와서
물 마시는 한밤중에

짝 찾는 산새 소리
갈증의 저 목마름

옛 소녀 단발머리가
물에 나풀거린다.

소쩍새

황명皇命을 거역한 죄
처단하는 봄 하룻날

홍매화 핏방울들
봄 뜨락에 낭자하다

누명의 탄원을 위해
통곡하는 소쩍새.

심우尋牛

구름이 비낀 하늘
노를 저어 달이 간다

색동옷 입은 산이
줄넘기 하는 가을

심중에 황소 한 마리
몰고 돌아 왔노라.

장다리꽃

산수유 꽃향기가
하늘에 벽지 발라

춘분절 저녁놀도
샛노랗게 물이 들고

어머니 남긴 텃밭에
장다리꽃 난리다.

가을 달

청산이 깃을 접고
포란抱卵하는 가을밤에

사념은 만 갈래라
갈대꽃 흩날리고

설익은 적막을 품고
달이 둥실 떴구나.

음시월

벽계수碧溪水 노래하던
황진이 달이 뜨고

낙엽은 흩날리고
물은 돌아 흘러간다

일월日月이 달군 열매만
나뒹구는 음시월.

소주 반 병

세월이 무섭더라
못 다 비운 소주 한 병

그마저 과하다고
내 노파 꾸짖는 말

내 인생 소주 반 병의
이 허무가 아린다.

봄나물

우수와 경칩사이
눈발마저 날리는 날

쑥이랑 달래 나물
팔고 있는 늙은 할매

흘러간 봄날을 불러
입 다시라 이른다.

| 끝에 붙이는 발언 |

시조의 보배로움을 알자.

I

영어 알파벳은 페니키아 문자에서 유래하였다. 페니키아인들은 소리 나는 대로 적는 그들의 알파벳을 만들어 썼고, 이것이 그리스어 로마어 영어를 비롯한 유럽어 문자의 원천이 된 것은 다 아는 일이다. 그런데 이런 외국어들은 단어의 발음상 문제가 많아 발음기호를 붙여놓아야 한다. 영어 모음 a는 10 가지, e는 13 가지, o도 13 가지, u는 9 가지로 발음 된다고 한다. 자음은 어떠한가. 몇 개 예를 들어 보자.

c=k, c=s, c=ʃ

g=g, g=ʒ, g=dʒ

s=s, s=z, s=ʃ

여기다 영어 ch, sh, th, ph라든가 불어 ch, 독어 sch, tsch 등은 소리 하나를 표하기 위해 여러 개 자음을 동원하고 있다.[1] 이렇게 자음이든 모음이든 여러 가지로 발음되므로 단어에 발음기호까지 붙여 적을 필요가 있는 것이다. 우리글은 소리 나는 대로 적을 수 있으니 얼마나 편한가. 이래서 한글이 세계 제일이라는 것이다.

문명 문화국임을 자랑하는 나라들은 그 나라 말에 맞는 글을 만든 것은 물론이고, 그 말에 맞는 정형시를 만들어 세계에 자랑하여 왔다. 정형시는 그 나라 말의 사정(구조)과 정서에 알맞게 만들어진 시다. 어느 누구 한 사람 인격에 의해 만들어진 것이 아닌 공동의 창작품이고 문화유산이다. 그래서 오랜 전통을 유지해 오고 있는 것이다.

옛날 중국을 주인으로 섬기려는 우매한 선비들은 시라고 하면 시의 형식은 중국 한시형태에 어긋남이 없어야 하고, 시의 문자는 한자여야 시라고

---

1) 중세 국어에는 ① 'ㅅ'계열(ᄭᅮᆷ 夢, ᄯᅥᆨ 餠 등), ② 'ㅂ'계열(ᄠᅵ 垢, ᄡᆞᆯ 米, ᄧᅡᆨ 雙, ③ 'ㅄ'계열(ᄢᅮᆯ 蜜, ᄣᅢ 時) 등의 자음군이 초성에 나타난다. 당시는 발음대로 표기하였기 때문이겠지만 이것들은 음운의 변천에 따라 나중에는 모두 된소리로 바뀌었다.

고집하였다. 그래서 우리가 만든 시조는 시詩라 할 수 없어서 시조時調라 이름 붙였다. 시조라는 말 안에는 중국 시에 비하면 그렇고 그런 한갓 노래에 불과하다는 뜻이 내포되어 있는 셈이다.

설총이 이두문자를 정리한 끝에 향찰문자로서 향가를 적을 수 있게 함은 한자로서 우리 정서를 나타내기에는 부족함을 알았기 때문이다. 신라 사람들은 표의문자인 한자를 차용해서 이걸 표음문자로 만들어 썼으니 이것만 하여도 대단한 일이었다. 그러나 향찰문자는 일단 한자에 능한 사람만이 가능한 일이었고 그것마저도 표현이 부자연스러웠다. 아예 한자 아닌 우리 문자로서 우리말을 표현해야 표현이 자유롭겠기에 세종대왕은 훈민정음의 창제를 서둘렀던 것이다.

세종대왕이 훈민정음을 창제하여 반포하려 하자 최만리는 훈민정음 창제 반대 상소를 이렇게 하였다고 세종실록에 적혀 있다.

우리나라는 조종조 이래로 지성으로 사대事大하고, 한결같이 중화의 제도를 준수하여 지금 동문동궤同文同軌의 때를 당하는데 언문을 창작하신 것을

듣고 봄에 이상히 여길 사람이 있을 것입니다. 이럴 때 혹시 말하기를 언문은 모두 옛글자를 근본으로 삼은 것으로 새로운 자가 아니라고 하신다면 곧 자형字形은 비록 옛날의 전문篆文을 모방하였더라도 용음用音과 합자合字가 옛것과 반대되는 일이며, 실로 근거할 바가 없는 바입니다. 만약 중국에 흘러가서 혹시 옳지 못함을 의논하는 사람이 있을 때는 어찌 사대모화事大慕華에 부끄럽지 않겠습니까.

최만리 식으로 말하면 한시漢詩가 시이므로 뭐 우리말로 흥얼거리는 시조 같은 것은 아랫것들이나 하는 노래라는 투로 시조를 깔보았을 것이다. 실지로 그는 시조 한 수를 남기지 않았다. 그러나 그렇게 생각하지 않은 많은 문사들은 우리말로 노래를 만들어 불렀다. 이것이 시조다. 이들은 시심을 시조로 읊어보니 중국 한시 읊는 것보다 수월하고 좋다는 의미에서 시조 4천 여수나 남기고 갔다.

한 편의 시조도 남기지 않고 한시만 잔뜩 남긴 문사들도 있긴 있다. 아마 이런 부류의 문사들은 중국을 주인으로 섬기는 확실한 사대주의자들이었을 것이다.

어느 나라 경우든 정형시는 오랜 기간을 거치면서 수정 보완을 하여 정제된 형식을 갖추었다. 여기에 적당한 예로서 중국 한시를 두고 설명할 수 있다. 중국 한시의 역사는 2,000년이 넘는다. 시경시대를 지나 한漢에 와서 오언체로 발전하기 시작하여 남북조시대를 거치면서 평측과 압운을 중시하는 풍조가 생겼고, 당대唐代에 와서야 근체시近體詩인 율시律詩와 절구絕句로 발전하여 한시의 전성기를 맞이하게 된 것이다.

고체시古體詩에서도 오언고시五言古詩와 칠언고시七言古詩가 있었다. 시구 수의 제한을 받지 않았지만 운은 맞춰야 했다. 매 글자마다의 평측平仄도 따지지 않다가 근체시에 와서는 율시는 8구, 절구는 4구로, 이것도 오언율시와 칠언율시, 오언절구와 칠언절구로 구분하게 되고, 글자마다 평측 등 여러 가지 격식에 맞추어 짓도록 하였다. 시문의 의미형태도 근체시 율시의 경우는 첫째와 둘째 구를 수련首聯, 셋째와 넷째 구를 함련頷聯, 다섯째와 여섯째 구를 경련頸聯, 일곱째 와 여덟째 구를 미련尾聯 또는 말련末聯이라 한다. 절구의 경우도 첫 구를 기起, 둘째 구를 승承, 셋째 구를 전轉, 넷째 구를 결結이라

하고 시어의 의미가 이렇게 전개되도록 하고 있다.

영시의 경우 역시 이와 비슷한 역사를 통해 정형시로서의 영시가 만들어졌다. 중국어는 평측平仄으로서 의미 분화를 하기 때문에 평측을 리듬으로 하는 한시를 만든 것이라면 영어는 강약을 기반으로 하는 언어이므로 강약을 규칙화하여 정형시를 만들었다. 우리말은 고저 장단 강약을 규칙화할 수 없는 언어이기 때문에 이것들로 시를 만들 수 없다. 그래서 우리식의 음수율[2)]을 개발하여 이것의 규칙화로 정형시인 시조를 만들었다.

Ⅱ

시조의 역사를 줄잡아 700여년 된다고 볼 수 있겠는데, 그 동안 시조의 창작원리에 대한 이론이 잘 개발되지 않았다. 이렇게 된 이유는 시조가 노

2) 시의 음보라 함은 서양시의 개념이다, 가령 영시인 경우, 강음절 약음절을 단위로 하여, 약강, 약약강, 강약, 강약약 등이 음보이다. 시를 율독할 때엔 각 음보에 걸리는 시간은 동일해야 한다. 우리 시에서 음보는 3음절 혹은 4음절이 기준인데, 이걸 율독할 때 역시 걸리는 시간이 동일해야 함을 의미하는 말이 한국 시에서의 음보개념이다. 흔히 한국시를 음절수율을 줄여 음수율이라 한다.

래의 가사로 이용되면 그것으로 족한 것이지 시로서의 시조를 생각하여 시조형식을 다듬는 일은 할 필요가 없다 생각했던 것이었을지 모른다.

노래가사는 노래가 중심이고 시는 노래보다 사의詩意와 시흥詩興에 치중한다. 어쨌든 우리 선조들은 시조를 즐겨 불렀고, 이것을 노래책에 적어 오늘까지 전해주었으니 고마운 일이다. 시조를 노래 부르기에 그치지 않고 시의 형태로 잘 보존할 의사가 충분하였다고 한다면 시조 짓는 법을 정리하고 시조형식을 가다듬는 일을 서둘렀을 것이지만 한시를 시라고 우기는 병폐 때문에 시조 연구는 물론이고 시조를 다듬는 일이 소홀하게 된 것이다. 이러다 보니 시조 발생기로부터 근 600여년 뒤 일제강점기에 와서야 시조를 정형시라 하고 이것의 형식을 다듬는 일을 서두르게 되었다.

이런 주장이 있자 새로운 최만리가 등장하여 시조는 부르주아 계층에서 부르주아 사상 고취를 위해 만든 것이니 폐기처분해야 하지 시조부흥운동은 말이 안 된다는 사람들이 나타난 것이다. 이 사람들(KAPF파)의 극성이 심하자, 여기에 대응하여 시조는 민족정서 함양에 유효하다는 논리가 본격화

되었다.

한시나 영시(소네트 포함)는 부르주아 계급이 만든 것임에도 그들의 좌파들은 폐기처분 운운하는 말은 하지 않았다. 프롤레타리아 계급 사상이 그렇게 좋은 것이라면 시조 속에 그런 내용을 담으면 되는 것인데, 애매한 시조를 두고 왜 폐기처분 운운 그런 말들을 해야 했는지 참 이상한 일이라 생각 든다. 거기다 북한에서는 남쪽에서 출장 간 KAPF파들의 의견을 따라서 그러하였는지, 시조를 짓는 사람이 없다니 신통한 일이다.

시조형식을 선두에서 제창한 이는 조윤제 선생이다. 선생은 시조를 초장과 중장은 3, 4, 3(4), 4, 종장은 3, 5, 4, 3 이렇게 고정된 음절수로 이룩된 음수율의 시라고 정의하였다.

그 이유는 고시조 중 평시조는 각 장이 네 토막의 의미 분절이 됨을 알고 의미 분절의 빈도수를 따져보니 이 같은 표를 얻었다는 것이다. 그래서 이것을 시조 형식으로 인정하자는 것이었다. 이 이론에 따라 엄격히 이 시조 형식을 지킨 육당의 '백팔번뇌' 노산의 '노산시조집'이 나왔고 그 뒤를 이어 이호우, 김상옥, 장하보 같은 대가가 정형의 형식에 따라 시조를 지었다.

고향생각

이은상

어제 온 고깃배가 고향으로 간다하기
소식을 전차하고 갯가으로 나갔더니
그 배는 멀리 떠나고 물만 출렁거리오.

고개를 수그리니 모래 씻는 물결이요
배 뜬 곳 바라보니 구름만 뭉게뭉게
때 묻은 소매를 보니 고향 더욱 그립소.

육당의 '백팔번뇌'나 노산의 '노산시조집'에는 조윤제 선생이 제창한 시조 형식을 엄격하게 지켰다. 앞에 예로 든 노산 작품에서 '소식을 전하자 하고'를 '소식을 전차하고'라 하여 3.4를 지키고 있음을 볼 수 있지 않는가. 이호우나 김상옥 같은 분 역시 초기의 작품들은 시조 형식을 엄격히 지키고 있다.

달밤

이호우

낙동강 빈 나루에 달빛이 푸릅니다.

무엔지 그리운 밤 지향 없이 가고파서
흐르는 금빛 노을에 배를 맡겨 봅니다.

낯익은 풍경이되 달 아래 고쳐 보니
돌아올 기약 없는 먼 길이나 떠나온 듯,
뒤지는 들과 산들이 돌아 돌아 뵙니다.

아득히 그림 속에 정화된 초가집들,
할머니 조웅전에 잠들던 그날 밤도
할버진 율律 지으시고 달이 밝았더이다.

미움도 더러움도 아름다운 사랑으로
온 세상 쉬는 숨결 한 갈래로 맑습니다.
차라리 외로울망정 이 밤 더디 새소서.

봉선화

김상옥

비 오자 장독간에 봉선화 반만 벌어
해마다 피는 꽃을 나만 두고 볼 것인가
세세한 사연을 적어 누님께로 보내자

누님이 편지 보며 하마 울까 웃으실까
눈앞에 삼삼이는 고향집을 그리시고
손톱에 꽃물 들이던 그날 생각하시리

양지에 마주 앉아 실로 찬찬 매어 주던

하얀 손 가락 가락이 연붉은 그 손톱을
지금은 꿈 속에 본 듯 힘줄만이 서노나

가람의 '가람시조집'에 나타난 작품들은 어떤가. 다음 작품을 읽어보기로 한다.

별

이병기

바람이 서늘도 하여 뜰 앞에 나섰더니
서산머리에 하늘은 구름을 벗어나고
산뜻한 초사흘달이 별과 함께 나오더라.

달은 넘어가고 별만 서로 반짝인다
저 별은 뉘 별이며 내 별 또한 어느 게오
잠자코 홀로서서 별을 헤어보노라.

확실히 가람은 조윤제 설을 따르지 않고 있음을 알 수 있다. 이것은 애초 노래가사로 불리던 고시조의 들쭉날쭉한 그 형태로의 고수를 의미한다. 현대시조라고 쓰는 많은 사람들은 가람의 이 같은 태도에 동조하는 사람들이 많다. 어렵게 정리 안착된 정격시조를 시조의 현대화 운운하는 사람들이 가

세하여 시조 형식을 예전대로의 고시조 형태로 회귀시켜버렸으니 안타까운 일이 아닌가.

시조의 현대화 이 말자체로 봐서는 나무랄 데가 없다. 표현이 주제가 소재가 비유가 모티프가 현대화되어야 한다면 언제나 이 말은 유용한 것이다. 그런 의미에서 가람의 공적이 크다. 그러나 시조시인들이 시조 형식을 현대화하자는 투로 정격시조가 아닌 걸 시조라 발표하면 정형시로서의 시조가 아니게 된다.

신춘문예 시조 당선작 중에는 대부분이 시조 형식을 깨뜨린 기형의 시조를 당선작으로 뽑는 경우가 흔하다. 이것만이 아니고, 시조잡지에도 예사로이 파격의 시조를 싣고 있다. 큰 상 작은 상의 수상작품 역시 그러하다. 파격의 시조도 정형시인가. 그렇다면 대체 정형시라 할 때 그 정형은 뭘 의미하는가. 들쭉날쭉한 걸 인정하자는 건가.

Ⅲ

일본의 하이쿠는 5 7 5 이라는 음절수를 엄격히 지키고 있다. 중국에서도 일본에서도 글자 수를 늘

이자 혹은 줄이자는 의견이 있다는 말을 들어보지 못했다. 중국 한시가 세계의 시 형태로 나아가기엔 언어 자체의 한계 때문일 수 있다. 그런데 일본은 어떤가. 하이쿠란 옹졸하고 옹색한 시 형식을 세계 시장에 내놓고 어찌 홍보되었든지 영국 미국의 어린이 교과서에 실리고 하이쿠가 영국 시 미국 시의 한 형태로까지 자리 잡아 많은 사람들이 하이쿠를 짓는다고 한다. 우리는 어떤가. 시조에 비하면 엉성한 시 형식을 갖고 일본은 세계문학 시장에 수출하여 국위를 선양하고 있다. 우리는 선조들이 애써 만든 시조를 발전시키려 하지 않고 오히려 형식을 파괴하여 후퇴시키는 일들을 하니 어찌 된 일인가. 시조의 형식을 고수하면 시답지 않다고 생각해서인가 아니면 우리 시조가 우리 언어구조에 부적합하니 새로 틀을 만들어보겠다는 것인가.

다시 말하지만 우리 선조들이 시조를 짓고 부른 데는 시조가 우리말의 구조와 맞고 우리 정서를 담기에 적당하였기 때문이다. 시조 형식을 가다듬는 데에도 많은 시행착오가 있었을 것이다. 그런 노력 끝에 완성을 본 것이 시조 형식이라 할 수 있다. 그러므로 시조 형식은 우리 문화정신에 기반을 둔 자족적인 정형시라 해야 옳다.

최만리는 다시 훈민정음의 반포의 부당함을 이렇게 지적하였다.

예로부터 구주九州의 안에 풍토가 비록 다르나, 방언으로 말미암아 따로 문자를 만든 일은 없었습니다. 다만 몽고, 서하, 여진, 일본 서번의 무리들이 각각 문자를 가지고 있으나, 이는 모두 이적의 일일 뿐 족이 말할 것이 못됩니다. 전傳에 이르기를 오랑캐를 중화中華로 변變케 한다고는 하였으되, 중화로 하여금 오랑캐로 변케 한다는 말은 듣지 못하였습니다. 역대歷代로 중국에서는 우리나라를 기자箕子의 유풍遺風이 있다고 하였고, 예악禮樂과 문물이 중화에 견줄만하다고 하였는데, 이제 따로 언문을 지어 중국을 버리고 스스로 이적夷狄과 함께 하니 이야말로 소합蘇合의 향香을 버리고 당랑螗螂의 환丸을 취하는 것이라, 어찌 문명의 큰 누累라고 하지 않겠습니까.

사대모화에 빠져 우리 것에 대한 소중함과 가치를 망각하였던 최만리 같은 무리들이 비판 받듯이 선조들이 애써 만든 시조 형식을 무너뜨리는 행위 또한 비판 받아야 한다. 하이쿠처럼 세계인들에게 시조를 짓도록 노력하는 사람들 또한 적잖게 있는 것으로 알지만 정격시조로서 시조를 보급해야 옳은 일이다. 시조 번역 역시 정격으로 번역해야 정형시로서의 시조가 된다.[3)]

시조가 이렇게 어려움을 겪게 된 데에는 시조이론가(시조학자와 시조비평가)들이 시조진로에 대한 이론 전개를 활발히 하지 않은 책임이 무엇보다 크다. 우리의 정형시를 갈고 닦기 위해서는 이론적 바탕을 제공하고 어긋난 길을 걸을 땐 꾸짖어주어야 함에도 이런 이론가들이 적은 것 또한 안타까운 일이다.

이 글을 쓰는 나 자신도 시조에 대한 자각이 부족하여 정격에서 벗어난 시조를 시조라고 써왔다. 그러나 시조 공부를 더 하면서부터는 이래서는 정형시로서의 시조가 아니라는 점을 자각하면서부터는 형식을 엄격히 지키는 시조를 쓰기 시작한 것이다.

3) 흔히 시조를 영어로 번역한 작품 중에는 초장 중장을 3 4 3(4) 4, 종장을 3 5 4 3의 음절을 지키지 않는 번역들을 본다. 이렇게 되면 시조는 사라지고 시조가 영시로 둔갑된 것에 불과하다.

당장 시조시인들이 시조 형식을 깨뜨리는 무작한 행동을 준열히 꾸짖을 이론가들이 나서야 할 때는 지금이다. 시조잡지 편집자들 역시 파격시조를 책에 싣지 않는 운동을 해야 할 때는 지금이다. 다행히 정격시조만을 고집하는 시조시인들이 늘어나고 있는 것은 고무적이라 할 수 있다.

가령, '청풍명월정격시조문학회' 같은 시조단체는 이 같은 점을 철저히 고수하고 있다. 박수를 보낸다.

임종찬 제9시조집

편지

초판1쇄 발행 2025년 6월 25일

지은이 임종찬
펴낸이 이길안
펴낸곳 세종출판사

주소 부산광역시 중구 흑교로 71번길 12 (보수동2가)
전화 051-463-5898, 051-253-2213~5
팩스 051-248-4880
전자우편 sjpl5898@daum.net
출판등록 제02-01-96

ISBN 979-11-5979-774-3 03810

정가 10,000원

부산광역시 BUSAN METROPOLITAN CITY 부산문화재단 BUSAN CULTURAL FOUNDATION
본 도서는 2025년 부산광역시, 부산문화재단 〈부산문화예술지원사업〉으로 지원을 받았습니다.